FAITS ÉTONNANTS
POUR ENFANTS CURIEUX

Bienvenue dans un monde passionnant de connaissances et de découvertes ! Avec le premier livre de la série « Le saviez-vous ? », vous plongerez dans un monde de faits fascinants sur les animaux, la science, l'espace, la géographie, l'histoire et plus encore ! Découvrez des centaines de faits captivants et explorez le monde qui vous entoure avec de nouvelles découvertes chaque jour.

Bonne exploration !

Table des matières :

Le Saviez-Vous ?

LES ANIMAUX

Saviez-vous que...

🐾 Le crocodile du Nil est l'un des plus grands reptiles au monde et est le plus rapide nageur parmi les espèces de crocodiles ; il peut nager à une vitesse allant jusqu'à 35 km/h.

🐾 Environ la moitié des 150 espèces de caméléons du monde se trouve à Madagascar. Dans certaines parties de l'île, on pense que les caméléons ont des pouvoirs magiques et peuvent même voir dans le futur.

🐾 Les guépards sont les animaux terrestres les plus rapides et peuvent atteindre des vitesses allant jusqu'à 100 km/h. Ils peuvent aller de 0 à 96 km/h en seulement 3 secondes.

🐾 L'homme et le chimpanzé partagent près de 99 % de leur ADN.

🐾 Les autruches sont les oiseaux les plus rapides sur terre ; elles peuvent atteindre jusqu'à 70 km/h.

🐾 Chaque zèbre a des rayures uniques tout comme les humains ont des empreintes uniques.

🐾 Les koalas sont les seuls marsupiaux qui n'ont pas de queue externe. Ils sont aussi les seuls animaux en dehors des primates qui ont leurs empreintes digitales individuelles comme les humains. Les koalas mangent principalement des feuilles d'eucalyptus, jusqu'à un peu plus d'un kilogramme (2 livres) par jour.

🐾 Le koala est l'un des symboles nationaux de l'Australie.

🐾 Les lémuriens sont originaires de l'île de Madagascar et vivent uniquement là-bas. Il existe plus de 100 espèces différentes de lémuriens, dont la plupart sont menacées d'extinction.

🐾 Les cerfs perdent leurs bois chaque année, soit à la fin de l'hiver ou au début du printemps. Peu après, au printemps, les bois commencent à repousser et à se développer tout au long de l'été. Chaque année, ils grossissent plus que l'année précédente.

🐾 La plupart des pygargues à tête blanche ont tendance à réutiliser leur nid dans le territoire de reproduction année après année. Certains d'entre eux ont un autre nid.

- Le lac Nicaragua, en dépit d'être un lac d'eau douce, est le seul endroit où l'on peut trouver des requins taureaux d'eau douce.

- Les guépards peuvent voir à une distance de cinq kilomètres.

- La corne des rhinocéros est composée de kératine, la même substance que nos cheveux et nos ongles.

- Outre les humains, le lémur noir aux yeux bleus est l'un des seuls primates à avoir les yeux bleus.

- La langue d'une girafe mesure habituellement environ 46-51 centimètres (18-20 pouces) de long. À titre de comparaison, la langue humaine moyenne mesure approximativement 7,5 à 9 centimètres (3 à 3,5 pouces) de long.

- Le bébé le plus lourd du monde est le petit rorqual bleu. Il peut peser de 2,5 à 3 tonnes.

- Un train de paons contient environ 200 plumes, dont environ 170 sont marquées avec des taches oculaires.

🐾 Les cerfs ont un estomac à quatre parties. La première partie est appelée rumen et est utilisée pour le stockage. Le cerf peut y recueillir beaucoup de nourriture et la digérer plus tard en la ramenant dans sa bouche et en la mâchant de nouveau.

🐾 Les éléphants d'Afrique ont la plus longue période de gestation de tous les mammifères, 22 mois !

🐾 Pendant la période de migration, la Bernache du Canada peut parcourir jusqu'à 1 000 kilomètres durant 24 heures.

🐾 La baleine bleue adulte peut manger jusqu'à quatre tonnes de krill par jour.

🐾 Les éléphants ont le meilleur mémoire parmi les animaux.

🐾 Les autruches n'ont pas de dents pour mâcher leur nourriture, alors elles avalent des pierres et les gardent dans une partie musculaire de leur estomac appelée gésier. Elles ne digèrent pas les pierres ; ils les aident à moudre leur nourriture pour qu'elle soit plus facile à digérer.

- Les abeilles utilisent la danse pour communiquer l'emplacement des sources de nourriture aux autres abeilles.

- Les colibris sont les seuls oiseaux qui peuvent voler à reculons.

- Les hippocampes (et leurs syngnathes et dragons de mer apparentés) sont les seules espèces chez lesquelles le mâle tombe enceinte et donne naissance.

- Scaptia beyonceae, une espèce de mouche à cheval trouvée en Australie, porte le nom de la chanteuse américaine Beyoncé.

- Chaque gorille a une empreinte de nez unique.

- En Alaska, les grenouilles des bois peuvent garder leur pipi pendant huit mois.

- Les ours polaires et les pingouins ne se connaissent pas. Les ours polaires ne vivent qu'au pôle Nord, tandis que la plupart des espèces de manchots vivent au pôle Sud.

🐾 Un mythe populaire est que les ours polaires sont des gauchers. En réalité, ils utilisent leurs pattes droite et gauche également.

🐾 Un poisson volant peut « voler » jusqu'à 200 mètres (650 pieds).

🐾 Une reine termite peut produire de 20 000 à 30 000 œufs par jour.

🐾 Les pattes du crabe-araignée géant du Japon peuvent atteindre jusqu'à 3,7 mètres (12 pieds) de longueur.

🐾 Les insectes n'ont pas de squelette interne, mais plutôt un squelette externe (exosquelette) qui couvre et protège leur corps.

🐾 Presque tous les insectes ont six pattes.

🐾 Les cochons de ferme ne peuvent pas regarder le ciel, car ils ont trop de graisse au cou. Ils peuvent toutefois pencher la tête vers le haut et regarder le ciel de côté.

🐾 Les écureuils enterrent environ 10 000 noix par an. Ils oublient souvent où ils les ont enterrés et finissent ainsi par planter de nombreux arbres.

🐾 Les rats rient quand on les chatouille.

🐾 Un groupe de grenouilles est appelé une armée.

🐾 On croit que si une coccinelle atterrit sur vous, cela vous portera chance.

🐾 Les tigres sont d'excellents nageurs et ils nagent même pour le plaisir quand ils veulent se rafraîchir dans la chaleur.

🐾 La langue d'un rorqual bleu peut peser jusqu'à 2 700 kilogrammes (6 000 livres). C'est autant qu'un éléphant !

🐾 La mâchoire et les dents d'un jaguar sont si fortes qu'elles peuvent mordre un crâne de crocodile ou une carapace de tortue.

🐾 Les tortues peuvent respirer par leurs derrières.

🐾 La crinière d'un lion mâle devient plus sombre avec l'âge.

🐾 Une puce peut sauter environ 200 fois sa hauteur.

🐾 Les libellules peuvent voir dans toutes les directions simultanément.

🐾 Les chauves-souris sont les seuls mammifères capables de voler.

🐾 Les cheveux d'un ours polaire ne sont pas blancs. Ils sont transparents, mais semblent blancs, car ils reflètent la lumière visible.

🐾 Seuls les moustiques femelles piquent, parce qu'ils ont besoin de sang pour produire des œufs.

🐾 Les papillons ont la plupart de leurs papilles gustatives dans leurs pieds.

🐾 Les chats ont une façon particulière de marcher : ils bougent au premier leurs deux pieds droits, puis leurs deux pieds gauches.

- Les chauves-souris femelles donnent naissance tout en étant suspendues à l'envers. Mère chauve-souris doit rapidement agir et attraper son bébé dans ses ailes.

- La trompe de l'éléphant est faite d'environ 100 000 muscles et est dépourvue d'os.

- Les kangourous ne peuvent pas marcher à reculons.

- Les pieuvres ont trois cœurs.

- Ce sont les femelles lions qui font la plupart de la chasse.

- Immédiatement après sa naissance, les bébés requins doivent apprendre à se débrouiller seuls.

- Un groupe de flamants roses est appelé « une flamboyance ».

- Les paresseux quittent leur arbre et descendent au sol seulement pour faire leurs besoins, une ou deux fois par semaine.

🐾 Les caméléons changent de couleur en fonction de leur humeur ou pour communiquer avec d'autres caméléons.

🐾 Les bosses des chameaux stockent de la graisse et non de l'eau.

🐾 La soie d'araignée est plus forte que l'acier.

🐾 Les autruches peuvent atteindre jusqu'à 2,8 mètres (9 pieds) de haut.

🐾 Les ours peuvent hiberner jusqu'à huit mois.

🐾 Le squelette de la frégate pèse moins que ses plumes.

🐾 Les coléoptères représentent environ 40 % des espèces d'insectes.

🐾 Les castors peuvent rester sous l'eau pendant 15 minutes sans faire surface pour respirer.

🐾 Le plus grand barrage de castors au monde est situé dans le parc national Wood Buffalo en Alberta, au Canada, et il est si grand qu'on peut le voir de l'espace.

🐾 Certains insectes, comme les grillons, produisent des sons en frottant une partie du corps contre une autre.

🐾 Les crabes utilisent cette même technique pour communiquer.

🐾 Les chauves-souris utilisent le son pour naviguer et chasser dans l'obscurité. Ils émettent des impulsions sonores à haute fréquence par la bouche ou le nez et écoutent l'écho. Cette méthode est appelée écholocalisation.

🐾 Une coccinelle vit jusqu'à un an et peut manger plus de 5 000 insectes dans sa vie !

🐾 Un cafard peut vivre des semaines sans tête.

🐾 De tous les insectes, les fourmis ont la plus grande population mondiale, environ 20 quadrillions (20 000 000 000 000 000) !

🐾 Il existe plus de 17 500 espèces de papillons dans le monde.

Les pétoncles ont jusqu'à 200 yeux minuscules, disposés en couronne sur le bord de leur manteau.

En Alaska, les grenouilles des bois gèlent pendant sept mois en hiver et dégèlent de l'intérieur vers l'extérieur au printemps.

Les tatous géants ont de 80 à 100 dents.

L'ornithorynque est le seul animal qui ne possède pas d'estomac.

Les lapins ont une vision à presque 360 degrés.

La langue d'un escargot est recouverte de rangées de dents minuscules. Un escargot de jardin a environ 14 000 dents, mais d'autres espèces peuvent en avoir plus de 20 000.

Le long des bords de leur coquille, les pétoncles ont également de nombreuses dents minuscules et très pointues.

Un groupe de dauphins est appelé un banc.

🐾 Les palourdes géantes peuvent vivre plus de 100 ans. La plus vieille palourde géante jamais enregistrée avait 507 ans.

🐾 Les albatros volent souvent autour du monde. Un oiseau a fait le tour du globe en seulement 46 jours.

🐾 Un groupe de chatons peut être appelé une portée.

🐾 Les moutons et les chèvres ont des pupilles rectangulaires.

🐾 Une poule peut pondre plus de 250 œufs par an et certaines races même plus de 300.

🐾 Il existe 360 races de chiens dans le monde.

🐾 Il y a plus de 500 millions de chats domestiques dans le monde.

🐾 Un bébé gorille s'appelle un gorillon.

Le Saviez-Vous ?

LA NATURE

Saviez-vous que...

- Le séquoia géant est l'arbre le plus massif du monde et l'un des organismes vivants, les plus anciens de la planète. Ils peuvent vivre jusqu'à 3 000 ans, bien que quelques séquoias soient connus pour avoir vécu encore plus, 3 266 ans. Les séquoias ne cessent jamais de pousser et peuvent atteindre une hauteur de 92 mètres (300 pieds).

- Une personne ne peut pas s'enfoncer complètement dans les sables mouvants, car il est plus dense que le corps humain.

- Les baobabs se trouvent en Afrique et à Madagascar. Les habitants les considèrent comme des arbres sacrés, parce qu'ils semblent éternellement vivre.

- Environ 27 000 arbres sont abattus chaque jour pour produire du papier toilette.

- La nuit, la température moyenne du désert du Sahara est de -4 degrés Celsius (25 degrés Fahrenheit).

❀ La forêt amazonienne est souvent appelée les
« poumons de la planète », car elle produit
plus de 20 % de l'oxygène de la planète.

❀ Le Mexique a le plus grand nombre d'espèces de
cactus et près de 700 d'entre eux sont originaires
du pays.

❀ L'Indonésie a plus de volcans que tout autre
pays dans le monde.

❀ Le Nil est le plus long fleuve du monde.

❀ Les ouragans tournent dans le sens des aiguilles
d'une montre dans l'hémisphère sud et dans le sens
inverse dans l'hémisphère nord.

❀ Les océans sont tellement pollués par le plastique
qu'environ 78 % des mammifères marins risquent de
s'étouffer.

❀ Le papier est le matériau le plus recyclé au
monde. Il peut être recyclé jusqu'à sept fois.

❀ Les arbres ont existé sur Terre il y a 360 millions
d'années.

* Les acacias ont un moyen d'avertir les autres arbres du danger. Lorsque les antilopes mangent leurs feuilles, l'acacia commence à produire des niveaux élevés de tanin, toxique pour les animaux. De plus, les arbres libèrent du gaz éthylène, qui se déplace dans leur environnement, avertissant ainsi les arbres voisins afin qu'ils augmentent à leur tour les tanins qu'ils produisent.

* Il y a environ 400 000 plantes sur Terre. Les humains peuvent approximativement en manger 300 000, mais en fait, nous n'en consommons qu'approximativement 200.

* Nous avons exploré seulement 5 % des océans du monde.

* Vous êtes-vous déjà demandé comment les tempêtes tropicales ont obtenu leurs noms ? Moi aussi ! L'Organisation météorologique mondiale a une liste de noms attribués aux tempêtes tropicales lorsqu'elles sont découvertes pendant chaque saison d'ouragans. La liste est en ordre alphabétique, pour que le nom de la première tempête formée cette année-là commence par un A, la seconde par un B, etc. Les noms peuvent être répétés après un intervalle de six ans, sauf pour les tempêtes les plus graves dont les noms ne se répètent jamais.

* La Grande Barrière de Corail en Australie est le plus grand système de récifs coralliens au monde. Il est composé de plus de 2 900 récifs individuels et de 900 îles.

* Le désert du Sahara et la forêt amazonienne sont sur deux continents différents, mais la poussière transportée par le vent du Sahara aide à fertiliser la forêt tropicale.

* À l'intérieur des troncs, il y a des anneaux de croissance qui montrent l'âge de l'arbre. Vous pouvez compter les anneaux d'un arbre coupé pour découvrir son âge.

* Environ 97 % de l'eau de la Terre se trouve dans les océans, donc elle est salée et non potable.

* Le lotus aux mille pétales est l'une des espèces de lotus les plus rares. Sa fleur a de 800 à 1000 pétales lorsqu'elle est complètement épanouie.

* Personne ne peut voir le même arc-en-ciel. Un arc-en-ciel est un phénomène optique ; c'est la lumière réfléchie par les gouttes de pluie qui se trouvent au-dessus de l'horizon. Et, parce que chaque personne a un horizon différent, chacun voit un arc-en-ciel différent.

L'origine d'une rivière est appelée la source, tandis que la fin d'une rivière est appelée une embouchure.

Vous pouvez voir un double arc-en-ciel lorsque la lumière du soleil se reflète deux fois dans une goutte de pluie.

Les oliviers vivent en moyenne environ 500 ans, mais certains oliviers vivent jusqu'à 1 000 ans.

Les fleurs peuvent entendre les abeilles bourdonner et cela les rend plus sucrées.

Le bambou est la plante à la croissance la plus rapide sur Terre, avec certaines espèces qui poussent plus d'un mètre (3,30 pieds) par jour.

Certaines espèces de cactus peuvent survivre sans eau jusqu'à deux ans.

Les fraises sont les seuls fruits qui ont leurs graines à l'extérieur.

En botanique, les tomates sont considérées comme des fruits, car elles se forment à partir d'une fleur et contiennent des graines.

Les cendres des volcans peuvent provoquer des orages volcaniques. Lorsque la cendre du volcan monte, elle génère de l'électricité statique dans le panache volcanique, libérée sous la forme d'un éclair.

Le mot « volcan » vient de l'île de Vulcano, qui est une petite île volcanique en Italie. L'île a été nommée d'après Vulcain – le dieu romain du feu.

Le Grand Canyon est le plus grand canyon des États-Unis. Il mesure jusqu'à 447 kilomètres de long, 29 kilomètres de large et atteint une profondeur de plus de 1,8 kilomètre.

Le Grand Canyon de Yarlung Tsangpo au Tibet est le plus grand et le plus profond canyon du monde. Il est d'environ 500 kilomètres de long et jusqu'à 5,2 kilomètres de profondeur.

Le Grand Trou Bleu, situé à 100 kilomètres au large des côtes du Belize, est considéré comme le plus grand cénote sous-marin du monde.

Il existe plus de 7 500 variétés de pommes dans le monde.

Le Mauna Loa, situé sur l'île d'Hawaï, est le plus grand volcan actif au monde.

La mer Caspienne n'est ni une mer ni un lac.

La plupart des tornades durent approximativement deux ou trois minutes. Les plus forts, cependant, peuvent durer environ 15 minutes.

Vous avez peut-être entendu dire que les orages et les tornades se déplacent toujours d'ouest en est. Cependant, ce n'est pas tout à fait vrai. Les orages et les tornades se déplacent très souvent, mais pas toujours, d'ouest en est. Toutefois, les tornades peuvent rapidement changer de direction ou même revenir en arrière.

Les États-Unis ont le plus grand nombre de tornades au monde. Beaucoup d'entre eux se forment dans une région du centre des États-Unis appelée Tornado Alley (en français, l'allée des tornades).

Il y a plus d'un million de volcans sous-marins.

* La fosse des Mariannes est l'endroit le plus profond de l'océan, plus de 11 000 mètres de profondeur !

* Il y a au moins 100 sommets dépassant 7 200 mètres d'altitude dans l'Himalaya.

* Un tsunami peut traverser l'océan à une vitesse de plus de 800 km/h. C'est la vitesse d'un avion à réaction !

* Le mot tsunami vient des mots japonais « tsu » et « nami » qui signifie littéralement « vague du port ».

* Les formes de vie les plus anciennes sur Terre étaient des organismes microscopiques considérés comme âgés d'environ 3,7 milliards d'années.

* Les premières plantes terrestres sont apparues il y a environ 470 millions d'années, tandis que les premiers arbres sont apparus il y a environ 370 millions d'années.

* Il y a environ 900 000 insectes vivants connus. Ils représentent environ 80 % de toutes les espèces animales.

🌼 Le chocolat et la poudre de cacao proviennent du cacaoyer et sont fabriqués à partir des fèves de cacao.

🌼 La Terre n'est pas parfaitement ronde. Le pôle Nord et le pôle Sud sont légèrement plats, ce qui est dû à la force de rotation de la Terre.

🌼 Duna Federico Kirbus en Argentine est la plus haute dune du monde, avec une hauteur de 1 234 mètres.

🌼 Si vous coupez un grêlon en deux, vous pouvez voir les couches de glace qu'il contient. Le nombre de couches montre combien de fois la grêle a monté et descendu pendant la tempête avant de tomber par terre.

🌼 La Baie de Fundy, au Canada, a les plus hautes marées du monde qui peuvent atteindre jusqu'à 16 mètres (53 pieds).

🌼 Wolffia globose est la plus petite plante à fleurs au monde. Elle est presque de la taille d'un grain de riz !

❀ Le Japon est le pays avec le plus de sources chaudes naturelles au monde, plus de 3 000. On les appelle « onsen ».

❀ Le bleu est la couleur la plus rare dans la nature.

❀ L'oxygène représente environ 21 % de l'atmosphère terrestre.

❀ Pour allumer un feu, il doit y avoir au moins 16 % d'oxygène dans l'air.

❀ La plus grande éruption volcanique de l'histoire a été celle du mont Tambora, en Indonésie, en 1815.

❀ Le mot geyser vient du mot islandais geysir, qui signifie « jaillir ».

❀ Il y a environ 1 000 geysers dans le monde, dont la plupart sont situés dans le parc national de Yellowstone, aux États-Unis.

❀ Les aurores polaires sont également appelées « aurores boréales » dans l'hémisphère nord et « aurores australes » dans l'hémisphère sud.

* Le phénomène a été nommé « aurores australes » par le capitaine James Cook à la suite de son deuxième voyage en Australie.

* La baie du Commonwealth en Antarctique est l'endroit le plus venteux du monde avec des vents enregistrés de plus de 241 kilomètres à l'heure.

* L'oxygène produit par l'océan provient principalement du phytoplancton. C'est un organisme microscopique ressemblant à une plante.

* Lorsque l'eau s'évapore dans l'air et est transportée par le vent, elle forme de longues bandes étroites dans le ciel qui coulent comme des rivières. Elles sont appelées rivières atmosphériques et peuvent causer de fortes pluies et de la neige.

* Le lac Don Juan, en Antarctique, est l'un des plans d'eau les plus salés au monde. Sa salinité est d'environ 34 %. En comparaison, le niveau de salinité moyen des océans est d'approximativement 3,5 %.

* Le lac Supérieur, l'un des cinq Grands Lacs d'eau douce d'Amérique du Nord, contient 10 % de l'eau douce de la planète.

❁ Il y a environ 117 millions de lacs dans le monde.

❁ Comme les grenouilles et les salamandres, les amphibiens sont des animaux qui peuvent vivre autant dans l'eau que sur terre.

❁ Les chauves-souris, les mouffettes et les chouettes sont des animaux nocturnes. Elles dorment le jour et sont actives la nuit.

❁ Le lac Kariba, situé entre la Zambie et le Zimbabwe, est le plus grand lac artificiel du monde.

❁ La fleur connue sous le nom d'Elephant Foot Yam émet une odeur de viande avariée.

❁ Une autre plante malodorante est le chou mouffette, qui tire son nom de l'odeur de mouffette qu'il émet.

❁ Le cœur des petits animaux bat plus vite que celui des grands.

❁ Une grenade peut contenir de 200 à 1400 graines.

❁ Le parc national de Yellowstone, créé en 1872 aux États-Unis, a été le premier parc national au monde.

* Il existe plus de 700 espèces d'eucalyptus, dont la plupart sont originaires d'Australie.

* Les figues ont autant de calcium que le lait.

* Le parc national du Nord-Est du Groenland est le plus grand parc national du monde.

* L'Australie a le plus de parcs nationaux, plus de 500 !

* Chaque automne, les papillons monarques migrent du Canada vers les forêts montagneuses du Mexique, parcourant environ 4 000 à 5 000 kilomètres.

* Avec ses 8 611 mètres, le K2 est le deuxième plus haut sommet du monde après le mont Everest.

* Situé en Sibérie, en Russie, le lac Baïkal est le plus profond du monde, avec 1 642 mètres de profondeur.

* Le mont Fuji, la plus haute montagne du Japon, est également un volcan actif.

❀ Les coraux sont des animaux, pas des plantes.

❀ L'éponge géante est la plus grande éponge qui pousse sur les récifs coralliens des Caraïbes.

❀ Les éponges sont importantes, car elles filtrent l'eau sur les récifs et recueillent les bactéries.

❀ Comme des anneaux d'arbres, les stries de croissance sur les coquillages peuvent montrer leur âge. Il faut juste les compter.

❀ Les coraux peuvent vivre jusqu'à 5 000 ans.

❀ L'Etna est le plus haut volcan d'Europe. C'est aussi l'un des volcans les plus actifs au monde.

❀ Le nom de l'Etna vient du mot grec Aitne, qui signifie « je brûle ».

❀ Le désert d'Atacama au Chili est un endroit idéal pour observer le ciel et les étoiles, grâce à sa haute altitude et son ciel non pollué. C'est la raison pour laquelle certains des plus grands télescopes du monde s'y trouvent exactement.

❀ Un courant circulaire d'eau est appelé un tourbillon.

❀ Le Mont Blanc est le plus haut sommet des Alpes. Il mesure 4 807 mètres de haut et est également le plus haut sommet d'Europe.

❀ Le mont Annapurna I, au Népal, est considéré comme la montagne la plus dangereuse au monde.

❀ La forêt amazonienne est la plus grande forêt tropicale du monde. Elle couvre environ 40 % du continent sud-américain.

❀ La cordillère des Andes est la plus longue chaîne de montagnes continentale du monde. Elle est de 8 900 kilomètres de long et s'étend le long de toute la côte ouest de l'Amérique du Sud.

❀ Il y a environ 900 000 îles dans le monde.

❀ Un groupe d'îles est appelé un archipel.

❀ L'équateur mesure 40 075 kilomètres et traverse 13 pays.

Le Saviez-Vous ?

GÉOGRAPHIE ET VOYAGE

Saviez-vous que...

🌐 Le Vatican est le plus petit pays du monde.

🌐 Istanbul, la plus grande ville de Turquie, est la seule ville au monde située sur deux continents : l'Europe et l'Asie.

🌐 Les îles Diomède, situées dans le détroit de Béring, sont également appelées l'« Île de demain » et l'« Île d'hier ». La distance entre eux est seulement de 3,8 kilomètres, mais ils sont à 24 heures d'intervalle en raison de la ligne de changement de date qui passe entre eux. La ligne de changement de date est une ligne imaginaire qui indique l'endroit où on change de date quand on la traverse.

🌐 Il a fallu plus de 2 000 ans pour construire la Grande Muraille de Chine, une des sept merveilles du monde. Elle s'étend sur une longueur de 21 196 kilomètres.

🌐 En Écosse, il y a plus de 400 mots différents pour désigner la neige.En Écosse, il y a plus de 400 mots différents pour désigner la neige.

🌐 À Nagasaki, au Japon, il y a un hôtel entièrement géré par des robots. À la réception, un robot dinosaure se charge de l'accueil.

Le désert d'Atacama est l'endroit le plus sec de la Terre, avec certaines zones qui n'ont pas vu de pluie depuis plus de 500 ans.

La gomme (chewing-gum) est interdite à Singapour.

Aucun moustique n'existe en Islande.

Pour protéger et préserver l'environnement de l'Antarctique, les visiteurs ne peuvent rien y laisser lors de leur visite. La seule chose que les visiteurs peuvent emporter avec eux, c'est une bouteille d'eau, un appareil photo et des vêtements. De plus, ils ne peuvent rien prendre avec eux en quittant. Cela comprend les roches, les plumes, les os, les œufs et tout type de matériel biologique.

Le Canada possède le plus grand nombre de lacs au monde. Le pays abrite environ 60 % des lacs de notre planète.

Le Brésil porte le nom de l'arbre pau-brasil.

L'Indonésie est composée de plus de 17 000 îles.

La Russie est le plus grand pays du monde et compte 11 fuseaux horaires.

Il y a environ 122 langues en Inde, dont 22 sont officiellement reconnues par sa Constitution.

L'Afrique est appelée le berceau de l'humanité parce que c'est là que l'espèce humaine est née.

Le Groenland est la plus grande île du monde.

La Chine est le pays le plus peuplé du monde, avec une population de 1,45 milliard d'habitants. Il devrait bientôt être dépassé par l'Inde, avec une population dépassant 1,41 milliard.

Tricher aux examens au Bangladesh est puni d'emprisonnement.

L'Arabie saoudite ne possède aucune rivière.

La Papouasie-Nouvelle-Guinée est l'endroit le plus diversifié sur Terre, avec environ 850 langues parlées.

Les îles Malouines abritent environ un million de manchots.

La Suisse est le plus grand consommateur de chocolat au monde, suivie de près par l'Allemagne.

Selon un classement international (le World Happiness Report), la Finlande est le pays le plus heureux du monde.

L'Antarctique est le continent le plus haut de la planète, avec une altitude moyenne de 2 500 mètres. Avec ses 4 892 mètres, le mont Vinson est le plus haut sommet de l'Antarctique.

Sept pays revendiquent le territoire de l'Antarctique - l'Argentine, l'Australie, le Chili, la France, la Nouvelle-Zélande, la Norvège et le Royaume-Uni, mais la plupart des pays ne reconnaissent pas ces revendications.

Il est illégal de ne posséder qu'un seul cochon d'Inde en Suisse. Ils ont besoin de socialiser pour être heureux, donc en avoir un seul est considéré comme nuisible à leur bien-être et interdit par la loi.

La langue officielle du Nigeria est l'anglais. Cependant, il y a plus de 520 langues parlées dans le pays.

Llanfairpwllgwyngyllgogerychwyrndrobwllllantysilio-gogogoch est le nom d'un petit village au Pays de Galles, au Royaume-Uni. Le village compte environ 3 000 habitants, mais attire plus de 200 000 visiteurs chaque année, principalement en raison de son nom intéressant.

Le Malawi est souvent appelé « le cœur chaleureux de l'Afrique » en raison de son peuple souriant et amical. Les malawites sont connus pour leur gentillesse et hospitalité pour les étrangers.

La République tchèque compte plus de 2 000 châteaux.

Disneyland Paris est l'attraction touristique la plus populaire en Europe, avec environ 12 millions de visiteurs par an.

La Turquie est située en Europe et en Asie, la plus grande partie étant en Asie. Istanbul, la plus grande ville du pays, est la seule ville au monde située sur deux continents. Une partie d'Istanbul se trouve en Europe et l'autre en Asie.

Environ 90 % de la Libye est couverte de déserts.

Il y a plus de 6 000 ans, le désert du Sahara était une forêt tropicale humide.

Le Groenland est la plus grande île du monde, suivie de la Nouvelle-Guinée.

La Suède compte près de 270 000 îles, plus que tout autre pays au monde.

Aux Émirats arabes unis, les week-ends étaient auparavant du vendredi au samedi, mais à partir du 1er janvier 2022, ils étaient remplacés par le samedi et le dimanche.

Halloween est né en Irlande. Il a commencé comme une célébration païenne il y a plus de 2 000 ans dans le cadre du festival celtique de Samhain, qui a célébré la fin de l'été.
Le soir du 31 octobre, les gens allumaient des feux de joie et portaient des costumes pour éloigner les fantômes.

La ville de Hum en Croatie est considérée comme la plus petite ville du monde. Il n'y a que deux rues et trois rangées de maisons.

Le Salto Ángel (« saut de l'Ange »), située au Venezuela, est la plus haute chute du monde, avec une hauteur de 979 mètres.

En Norvège, il y a un petit village appelé Hell.

Le Pérou célèbre la Journée nationale de la pomme de terre le 30 mai. Plus de 4 000 variétés de pommes de terre sont cultivées au pays.

En Argentine, les cowboys sont appelés gauchos. Les gauchos sont des cavaliers nomades qui vivent et travaillent dans les pampas argentines et uruguayennes (prairies).

L'Australie est plus large que la Lune.

Bien que la Chine soit presque aussi grande que le continent américain, le pays n'a qu'un seul fuseau horaire officiel : l'heure de Pékin.

Aujourd'hui, il existe trois cités-États indépendantes : Singapour, Monaco et le Vatican.

Le dalmatien est une race de chien originaire de Dalmatie, une région côtière de la Croatie.

Le Canada est le pays le plus instruit au monde, avec un taux d'alphabétisation de 99 %.

Le bison d'Amérique et le pygargue à tête blanche sont quelques-uns des symboles nationaux des États-Unis.

Comme le koala et le kangourou, beaucoup d'espèces animales qui vivent en Australie ne se trouvent nulle part ailleurs dans le monde.

L'Irlande est aussi appelée l'île d'émeraude en raison de sa vaste végétation.

L'Australie est en même temps un continent et un pays.

Le Mont Kilimandjaro, en Tanzanie, est le plus haut sommet d'Afrique.

Le tennis de table, également connu sous le nom de ping-pong, est considéré comme le sport national de la Chine.

Le plus long tunnel routier du monde se trouve en Norvège. Il mesure 24,5 kilomètres.

La mer Rouge est la mer la plus salée du monde.

Il existe plus de 1200 sortes de saucisses et plus de 3 000 types de pain en Allemagne.

L'espagnol est la langue la plus parlée en Amérique du Sud.

Le Tibet, une région autonome de la Chine, est aussi connu comme le « toit du monde » en raison de ses hautes montagnes.

Le Mont Everest est le plus haut sommet du monde avec une hauteur de 8 849 mètres. Chaque année, il augmente d'environ 44 millimètres.

Le nom officiel du Mexique est les États-Unis mexicains.

Rome, la capitale de l'Italie, a le plus de fontaines que toute autre ville dans le monde, plus de 2 000 !

En Suède, les enfants se déguisent en sorcières pour Pâques et visitent leurs voisins, leur offrant des dessins et des peintures en échange de bonbons.

En raison de sa forme d'une botte haute, l'Italie est surnommée la Botte.

Il y a environ 40 000 temples bouddhistes en Thaïlande.

Siam est l'ancien nom de la Thaïlande. Les chats siamois sont originaires de Thaïlande et le nom de la race est dérivé de l'ancien nom du pays.

Madagascar, située dans l'océan Indien, est la plus grande île d'Afrique.

Le tunnel de base du Saint-Gothard est un tunnel ferroviaire qui traverse les Alpes en Suisse. Avec une longueur de 57 kilomètres et une profondeur de 2 300 mètres, c'est le tunnel le plus long et le plus profond du monde.

L'Indonésie est le plus grand archipel du monde.

L'empereur est le chef de l'État du Japon.

La Citadelle d'Alep, en Syrie, est le plus ancien château du monde, dont une partie a été construite au 3e millénaire avant JC.

Le Brunei, en Asie, est une monarchie gouvernée par un sultan.

La Thaïlande est célèbre pour ses marchés flottants. Au marché flottant, les marchandises sont vendues par bateau.

Amsterdam, la capitale des Pays-Bas, est également connue comme la « Venise du Nord » en raison de ses nombreux canaux.

Au Japon, les travailleurs sont autorisés à faire la sieste au milieu de la journée de travail. Certaines entreprises ont même des « salles de sieste ».

Rome, la capitale de l'Italie, est souvent appelée la « Ville éternelle ». C'est parce que les habitants de Rome croient que peu importe ce qui se passe dans le monde, la ville ne cessera jamais d'exister.

En raison de sa situation géographique, Rome est aussi connue sous le nom de « ville aux sept collines ».

Le chemin de fer Transsibérien en Russie est le plus long chemin de fer du monde. Avec une longueur de 9 289 kilomètres, il relie Moscou, la capitale russe, à Vladivostok, situé dans l'extrême sud-est de la Russie.

Les Maldives, une chaîne d'îles dans l'océan Indien, est le pays le plus plat du monde.

L'Empire State Building a été nommé d'après le surnom de l'État de New York, the Empire State.

La reine Victoria a été la première souveraine à vivre à Buckingham Palace à Londres, en Angleterre.

Avec une longueur de 1 800 kilomètres, le Grand Canal en Chine est le plus long canal du monde.

La Galerie des Glaces, la salle la plus célèbre du château de Versailles près de Paris, en France, compte 357 miroirs.

Le métro de Shanghai est le plus long métro du monde. La longueur totale de son réseau est de 831 kilomètres.

Les îles Uros sont des îles flottantes construites à partir de roseaux, nommés le totora. Il y a environ 40 îles Uros qui flottent sur le lac Titicaca au Pérou.

L'Italie possède le plus grand nombre de sites du patrimoine mondial de l'UNESCO, soit 58.

Environ 5 millions de personnes visitent le Grand Canyon chaque année.

Il y a plus de 2500 traces de dinosaures sur le plateau des dinosaures au Turkménistan.

L'Australie est le pays qui compte le plus de plages au monde - plus de 10 000.

La Grande Pyramide de Gizeh est la seule merveille du monde antique encore debout.

Paris est la ville avec le plus grand nombre de musées au monde, un total de 297.

Il est illégal de nourrir les pigeons dans la région de Trafalgar Square à Londres, en Angleterre.

La ville de Mars, dans l'Iowa, aux États-Unis, est connue comme « la capitale mondiale de la crème glacée ». En 1994, la ville a gagné le titre pour avoir le plus de crème glacée produite par un fabricant dans un seul endroit.

La Nouvelle-Zélande consomme le plus de crème glacée par habitant.

Le Saviez-Vous ?

L'ESPACE

Saviez-vous que...

🚀 La Lune devient très chaude pendant la journée, environ 100 degrés Celsius (212 degrés Fahrenheit), et très froid durant la nuit, environ 173 degrés Celsius (343 degrés Fahrenheit).

🚀 Il est impossible de roter dans l'espace, car il n'y a pas de gravité, et le gaz et les liquides dans l'estomac des astronautes ne peuvent pas se séparer. Le gaz ne peut pas monter dans l'estomac et sortir comme un rot.

🚀 La Terre tourne autour du Soleil à environ 107 000 km/h.

🚀 Youri Gagarine a été le premier humain dans l'espace. Le 12 avril 1961, voyageant sur Vostok 1, il a effectué un vol orbital autour de la Terre.

🚀 Il y a 88 constellations dans le ciel.

🚀 Mercure et Vénus sont les seules planètes de notre système solaire qui ne possèdent pas de lune.

🚀 Vous ne pouvez pas marcher sur Jupiter, car il est principalement fait de gaz.

Toutes les planètes, sauf la Terre, portent les noms de dieux de la mythologie grecque ou romaine. Mercure a été nommé d'après le dieu romain du voyage, Vénus d'après la déesse romaine de l'amour et de la beauté, et Mars d'après le dieu romain de la guerre. Jupiter était le roi des dieux romains, et Saturne était le dieu romain de l'agriculture. Uranus a été nommé d'après un ancien roi grec des dieux, et Neptune a été nommée d'après le dieu romain de la mer.

Les astronautes ne peuvent pas manger de pain dans l'espace, car les miettes de pain peuvent endommager l'équipement. Pour la même raison, le sel et le poivre ne sont pas autorisés non plus et des versions liquides ont donc été créées.

Saturne est la deuxième plus grande planète du Système solaire. Il est principalement fait de gaz et a la moindre densité de toutes les planètes, même moins de densité que l'eau, alors s'il est jeté dans un immense bassin imaginaire, il flottera.

La durée d'une journée sur Jupiter est seulement d'environ 10 heures. Une année sur Jupiter, cependant, équivaut à approximativement 12 années terrestres, car c'est le temps qu'il faut pour faire le tour du Soleil en raison de sa distance de celui-ci.

Jupiter est la planète avec le plus de lunes :
de 82 à 95.

Triton, l'une des 13 lunes de Neptune, est la seule
lune de notre système solaire qui tourne autour de
Neptune dans le sens opposé à celui de la rotation
de la planète.

L'espace est un vide, et donc complètement silencieux,
car le son ne peut pas voyager à travers un vide.

Il faut 248 ans à Pluton pour faire le tour du Soleil.

Vénus est la planète la plus chaude de notre système
solaire, avec une température de surface estimée à
464 degrés Celsius (867 degrés Fahrenheit).

La Lune n'est pas toujours à la même distance de la
Terre, parce que la Lune voyage autour de la Terre
dans une orbite elliptique et non circulaire.

La Lune s'éloigne de la Terre de 3,8 centimètres
(1,5 pouce) chaque année.

Plus les étoiles sont petites, plus longtemps
elles vivent.

« L'étoile du matin » est le surnom de la planète Vénus, le deuxième objet le plus brillant dans le ciel après la Lune.

Pendant une mission, les astronautes doivent faire environ deux heures d'exercice par jour pour garder leurs os, leurs muscles et leur système cardiovasculaire en forme, car le manque de gravité a un effet négatif sur eux.

Le Soleil est à un peu moins de la moitié de son cycle de vie et les scientifiques pensent qu'il lui reste encore cinq milliards d'années.

Les astronomes ont estimé qu'il y a au moins 200 milliards d'étoiles dans la galaxie de la Voie lactée.

Saturne a sept grands anneaux, nommés pour une lettre de l'alphabet - A, B, C, D, E, F et G - dans l'ordre dans lequel ils ont été découverts. La planète a aussi des milliers de boucles.

Pluton fait environ la moitié de la largeur des États-Unis.

🚀 Il y a une gigantesque tempête sur Jupiter appelée la Grande Tache rouge. La tempête a duré au moins 350 ans.

🚀 Il y a des milliards de galaxies dans l'Univers.

🚀 Il faut 165 ans à Neptune pour faire le tour du Soleil une fois.

🚀 Neptune et Uranus sont des planètes géantes de glace.

🚀 Il y a une ceinture d'astéroïdes entre Mars et Jupiter et elle se compose de millions d'astéroïdes.

🚀 La température au cœur du Soleil est d'environ 15 millions de degrés Celsius (27 millions de degrés Fahrenheit).

🚀 Il faut huit minutes pour que la lumière du soleil atteigne la Terre.

🚀 L'Univers est en expansion. En 1929, l'astronome américain Edwin Hubble a découvert que les galaxies s'éloignaient les unes des autres, ce qui a conduit à la conclusion que l'Univers était en expansion.

Les astronomes ont estimé qu'il pourrait y avoir plus de 200 milliards d'étoiles (également appelées 200 sextillions) dans l'Univers. C'est écrit 200 000 000 000 000 000 000 !

La ceinture de Kuiper est une région en forme de disque dans le Système solaire extérieur, après l'orbite de Neptune, et se compose de millions d'objets glacés en orbite autour du Soleil. La ceinture de Kuiper porte le nom de l'astronome Gerard Kuiper, qui, en 1951, avait une théorie selon laquelle il y a des objets au-delà de l'orbite de Neptune.

Il est plus facile d'explorer l'espace que l'océan, notamment parce qu'il n'y a aucune visibilité et une pression extrêmement élevée dans l'océan profond.

Contrairement à la Terre, l'axe d'Uranus est presque vertical, ce qui donne l'impression qu'il tourne sur le côté.

La queue d'une comète est constituée de gaz et de poussière et peut s'étendre sur des centaines de milliers et même des millions de kilomètres. La plus longue queue jamais enregistrée s'étendait sur environ 570 millions de kilomètres.

Spoutnik 1 a été le premier satellite artificiel à être lancé dans l'espace.

Une combinaison spatiale pèse environ 127 kilogrammes (280 livres) sur Terre, sans l'astronaute, mais dans l'espace, elle ne pèse rien, car il n'y a pas de gravité.

Il faut environ 45 minutes pour mettre une combinaison spatiale.

L'astronome et physicien Italien Galileo Galilée (en italien : Galilei) a été le premier à utiliser le télescope pour étudier l'espace. En 1610, il a découvert les quatre plus grandes lunes de Jupiter, appelées les satellites galiléens (ou lunes galiléennes).

Le Mercure devient de plus en plus petit. L'intérieur de la planète se refroidit au fil du temps, ainsi, sa surface se rétrécit.

Un coucher de soleil sur Mars est bleu.

Le plus grand astéroïde présente un diamètre de 965 kilomètres.

Il y a plus d'arbres sur la planète que d'étoiles dans le système solaire.

Il y a un système stellaire où les planètes tournent autour de deux soleils.

La Station spatiale internationale tourne autour de la Terre toutes les 90 minutes environ.

De bout en bout, la Station spatiale internationale mesure 109 mètres. C'est à peu près la même taille qu'un terrain de football américain !

Il faut environ quatre heures pour qu'un vaisseau spatial arrive à la station spatiale après le lancement depuis la Terre.

En un jour environ, la station spatiale parcourt une distance équivalente à un aller-retour entre la Terre et la Lune.

On estime qu'environ 48,5 tonnes de matériel météoritique tombent sur la Terre chaque jour.

Lorsque de nombreux météoroïdes pénètrent dans l'atmosphère terrestre, nous appelons cela une pluie de météores.

Les pluies de météores sont difficiles à voir lorsque la Lune est pleine ou presque pleine.

Les Perséides sont la pluie de météores la plus
visible ; elle peut être observée en août.

Les planètes sont rondes en raison de la gravité,
qui tire également de tous les côtés.

Un trou noir est un endroit dans l'espace où la
gravité attire tellement la matière et la lumière qu'ils
ne peuvent pas s'échapper s'ils tombent dedans.

Le Soleil est à une distance d'environ
150 millions de kilomètres de la Terre.

La partie la plus extérieure de l'atmosphère du
Soleil est appelée couronne.

Il y a des vents extrêmement forts sur Neptune.
Certains peuvent atteindre des vitesses de plus de
2 000 kilomètres par heure.

Il faudrait 1,3 million de Terres pour remplir le Soleil.

Le radiotélescope est une antenne géante
spécialisée utilisée pour détecter les ondes radio
de l'espace.

Le télescope optique est utilisé pour collecter et focaliser la lumière visible, ce qui permet de voir facilement des objets très éloignés.

Les télescopes optiques peuvent voir à plus de 13 milliards d'années-lumière.

Une année-lumière correspond à environ 9 500 milliards de kilomètres. En chiffres, c'est écrit 9 500 000 000 000 kilomètres.

La galaxie d'Andromède est la plus proche de la nôtre, à environ 2,5 millions d'années-lumière. Cependant, les astronomes ont trouvé plusieurs galaxies naines en orbite autour de la Voie lactée.

Une nébuleuse est un énorme nuage de poussière et de gaz dans l'espace.

Vénus a une rotation rétrograde, ce qui signifie que le Soleil se lève à l'ouest et se couche à l'est.

Les lunes de Mars, Phobos et Deimos, sont parmi les plus petites du système solaire.

Le nuage d'Oort est une couche sphérique d'objets glacés qui entourent le Soleil.

En raison de la distance du Soleil, la lumière a besoin de quatre heures pour atteindre Neptune.

La lune de Neptune Triton est la lune la plus froide de notre système solaire, ayant une température d'environ -240 degrés Celsius (-400 degrés Fahrenheit).

Lorsqu'ils sont dans l'espace, les astronautes ne peuvent pas prendre un bain régulier, ils se lavent donc à l'aide de savons et de shampoings spéciaux qui n'ont pas besoin d'eau pour être rincés.

La queue d'une comète s'allonge à mesure qu'elle s'approche du Soleil, car elle devient plus chaude et la matière est libérée plus rapidement, ce qui produit une queue plus longue.

Comme il n'y a pas de médecin dans l'espace, si une personne tombe malade, l'un des membres de l'équipage est un médecin désigné. Cette personne reçoit une formation intensive pour être en mesure de faire face à une urgence médicale.

Les queues de comètes pointent toujours en direction opposée au Soleil, peu importe la direction dans laquelle la comète se déplace.

Il y a un trou noir supermassif au centre de la Voie lactée. Il s'appelle Sagittaire A*.

Une planète qui orbite autour d'une étoile en dehors de notre système solaire est appelée exoplanète.

Les sondes spatiales sont des véhicules spatiaux non pilotés envoyés dans l'espace afin de l'explorer et de recueillir de l'information. La plupart d'entre eux ne sont pas conçus pour retourner sur Terre.

Les astronautes peuvent grandir jusqu'à cinq centimètres (deux pouces) de plus dans l'espace.

La Station spatiale internationale a été progressivement construite en orbite et il a fallu 40 missions pour la terminer.

L'Expédition 1 a été la première mission de longue durée sur la Station spatiale internationale qui a débuté le 2 novembre 2000 et s'est poursuivie pendant 136 jours. L'équipage de trois membres était composé d'un astronaute américain et de deux astronautes russes.

Le cosmodrome de Baïkonour, situé dans la République du Kazakhstan, est le premier port spatial au monde à être utilisé pour les lancements orbitaux.

La base de lancement de Cap Canaveral (en anglais : Cape Canaveral Space Force Station), en Floride, est le port spatial le plus actif au monde.

Il y a plus de 7 000 satellites actifs en orbite, ainsi que des milliers de satellites inactifs qui orbitent autour de la Terre comme débris spatiaux.

Vanguard 1 est le plus ancien satellite encore en orbite autour de la planète. Il a été lancé le 17 mars 1958.

Les satellites communiquent en envoyant des signaux aux antennes terrestres à l'aide d'ondes radio. Après avoir capté ces signaux, les antennes traitent les informations qui en proviennent.

L'altitude de 100 kilomètres au-dessus du niveau de la mer est considérée comme le point où l'espace commence officiellement. Il est connu comme la ligne Kármán.

Les mouches à fruits ont été les premiers organismes vivants envoyés dans l'espace.

Le Saviez-Vous ?

HISTOIRE

Saviez-vous que...

🪖 L'écrivain et géographe grec Hérodote est connu comme le « Père de l'Histoire ».

🪖 L'Empire britannique était le plus grand empire de l'histoire, suivi par l'Empire mongol. L'Empire romain est considéré comme l'empire le plus ancien de l'histoire.

🪖 Le premier ice pop a été inventé par un enfant de 11 ans en 1905. Frank Epperson avait laissé un bâtonnet dans un verre rempli de soda en poudre et d'eau et l'avait laissé sur son porche pendant une nuit froide. Il faisait très froid cette nuit-là, et le mélange a gelé autour du bâton, devenant ainsi le premier ice pop.

🪖 Les anciens Égyptiens pétrissaient la pâte à pain avec leurs pieds.

🪖 La Mésopotamie, qui veut dire en grec « au milieu des fleuves », est considérée comme le berceau de la civilisation.

Le ketchup était autrefois utilisé comme médicament. En 1834, un médecin de l'Ohio, aux États-Unis, nommé John Cooke Bennet, l'a utilisé comme remède contre l'indigestion, la diarrhée, les rhumatismes et même la jaunisse.

La statue de la Liberté était autrefois un phare. Il a fonctionné comme tel de 1886 à 1902 et a été le premier phare aux États-Unis à utiliser l'électricité.

Le célèbre artiste et inventeur Léonard de Vinci était gaucher et utilisait souvent l'écriture spéculaire, dite aussi « en miroir ». Il écrivait en commençant par le côté droit de la page et en se déplaçant vers la gauche.

Dans l'Égypte ancienne, les oignons étaient considérés comme sacrés. Ils symbolisaient l'éternité et étaient enterrés avec les pharaons égyptiens.

Le Wright Flyer, créé par les frères Wilbur et Orville Wright, a été le premier avion motorisé à voler dans les airs. Le premier vol a été effectué à Kitty Hawk, en Caroline du Nord, le 17 décembre 1903.

⚔ L'Égypte, le Pérou, le Soudan, le Mexique et l'Irak
ont tous des pyramides anciennes.

⚔ Le mot « château » vient du mot latin
« castellum », qui signifie « forteresse ».

⚔ Les Vikings se teignaient les cheveux blonds et
certains se teignaient aussi la barbe.

⚔ Les archéologues ont estimé qu'il a fallu environ 1 500
ans aux Néolithiques pour construire Stonehenge.

⚔ En 1963, Valentina Tereshkova, une cosmonaute
soviétique, est devenue la première femme à
effectuer un vol dans l'espace.

⚔ Il y avait des femmes gladiateurs (appelées
gladiatrices) dans la Rome antique.

⚔ Les anciens marins utilisaient le soleil et les étoiles
pour la navigation. La première boussole a été
inventée en Chine entre le deuxième siècle av. J. -C.
et le premier siècle apr. J. -C., mais elle a été utilisée
pour la navigation entre les XIe et XIIe siècles.

🪖 Pendant la Grande Dépression, beaucoup de gens fabriquaient des vêtements à partir de sacs de tissus.

🪖 Les arts étaient autrefois un événement olympique. Des médailles ont été décernées pour la peinture, la sculpture, l'architecture, la littérature et la musique.

🪖 Un simple jeu de tennis est considéré comme le premier jeu vidéo. Il a été créé en octobre 1958.

🪖 Jules César a été retenu captif par des pirates. Il a été libéré après que les pirates ont été livrés une rançon.

🪖 Les premiers bateaux étaient faits de roseaux de papyrus attachés ensemble.

🪖 Albert Einstein n'a jamais porté de chaussettes. Quand il était petit, son gros orteil faisait souvent un trou dans sa chaussette, ce qu'il trouvait inconfortable, alors il a décidé de ne plus porter de chaussettes.

🪖 Les Grecs anciens utilisaient des cailloux ou des morceaux de céramique cassés comme papier toilette.

🪖 Certains des dieux romains ont été adaptés de la mythologie grecque.

🪖 Les femmes de l'Égypte ancienne se teignaient les ongles au henné. La couleur indiquait le statut social : des femmes de la classe inférieure portaient des nuances plus neutres, tandis que les femmes de la classe supérieure portaient des nuances plus vives.

🪖 Les chevaliers provenaient généralement de familles riches, car seulement ils pouvaient acquérir l'entraînement, l'armure et les chevaux nécessaires pour devenir chevalier.

🪖 Les plus anciens dessins de grottes connus ont environ 64 000 ans et sont réalisés par un homme de Néandertal.

🪖 Le marathon est né dans la Grèce antique.

🪖 Au XVIIIe siècle, la plupart des gens de la classe supérieure se baignaient rarement.

🪖 Le Roi Louis XIV portait des talons parce qu'il croyait qu'ils le rendaient plus puissant.

Dans les Jeux olympiques antiques, les athlètes concouraient nus, car, selon certains, ils voulaient montrer au Dieu grec Zeus leur force physique et leur corps musculaire.

Tous les chars britanniques ont été équipés d'installations de fabrication de thé depuis la fin de la Seconde Guerre mondiale en 1945.

Les dindes étaient autrefois adorées comme des dieux par les Mayas.

Le plus ancien fossile humain a été trouvé dans la chaîne de montagnes Atapuerca, en Espagne, et a environ 1,4 million d'années.

Albert Einstein, qui était juif, s'est vu proposer la présidence d'Israël en 1952, mais il a refusé.

Lorsque le capitaine James Cook découvrit les îles hawaïennes, il les nomma les îles Sandwich en l'honneur de l'un de ses patrons, John Montague, le comte de Sandwich.

Noël et Pâques ont été interdits en Angleterre de 1647 à 1660.

L'âge de pierre est une période de l'histoire qui a commencé il y a environ 2,5 millions d'années et s'est terminée par 4000 avant J.-C. Pendant cet âge, les humains fabriquaient des outils et des armes à partir de pierres, ce qui explique son nom.

Le prénom de Mark Twain était Samuel Langhorne Clemens, mais il a choisi Mark Twain comme nom de plume. Pendant qu'il travaillait comme pilote de bateau à vapeur, le chef appelait : « By the mark twain! », ce qui signifiait que la profondeur de la rivière était sécuritaire pour le bateau à vapeur. Le terme "mark twain" (signifiant « mark number two») faisait référence à la deuxième marque sur une ligne qui mesurait la profondeur, signifiant deux brasses, ou 12 pieds, qui était la profondeur sûre pour les bateaux fluviaux.

Mark Twain était un écrivain à succès, mais un très mauvais investisseur qui a fini par faire faillite. Il a même refusé une fois d'investir dans l'invention d'Alexander Graham Bell, le téléphone.

Ching Shih de Chine, connue sous le nom de Pirate Queen, était probablement la pirate la plus réussie de l'histoire.

Le vélocipède, également connu sous le nom de boneshaker, a été le premier vélo à pédales. « Boneshaker » fait référence à la conduite extrêmement inconfortable causée par le cadre rigide en fer forgé et les roues en bois.

Nassau aux Bahamas était le principal centre de l'âge d'or de la piraterie.

Les bandits de grand chemin étaient des voleurs qui volaient les voyageurs. Ils étaient habituellement à cheval.

Pablo Picasso n'a pas volé la Mona Lisa, mais il était un suspect principal.

Louis XIV est appelé le Roi-Soleil parce qu'il a choisi le soleil comme emblème personnel.

William Shakespeare a inventé plus de 1 700 mots qui sont encore utilisés en anglais aujourd'hui.

Le Prinzessin Victoria Luise a été le premier navire de croisière au monde construit à cette fin. La première croisière a duré 35 jours et a exploré les ports des Antilles et du Venezuela.

🪖 Le pharaon égyptien Ramsès II a eu plus de 100 enfants.

🪖 Le « Petit Prince » d'Antoine de Saint-Exupéry a été en partie inspiré par un accident d'avion qui l'a laissé, lui et son navigateur, bloqués dans le désert du Sahara.

🪖 Amelia Earhart a été la première femme à traverser l'océan Atlantique en solo. Elle a mystérieusement disparu en survolant l'océan Pacifique en 1937.

🪖 À l'âge de sept ans, Amelia Earhart a conçu des montagnes russes maison.

🪖 Parlant de montagnes russes, la première montagne russe moderne au monde a été « Les Promenades Aériennes » à Paris. L'attraction a été ouverte le 8 juillet 1817.

🪖 La soie a été découverte en Chine il y a environ 5 000 ans. Révéler le secret de la fabrication de la soie entraînait la peine de mort.

🪖 La tombe du pharaon Toutankhamon a été cachée pendant plus de 3 000 ans.

🪖 Timisoara, en Roumanie, a été la première ville d'Europe à avoir un éclairage public électrique. Elle a été introduite en 1884.

🪖 Wangari Maathai a été la première femme africaine à recevoir le prix Nobel de la paix pour sa contribution au développement durable, à la démocratie et à la paix.

🪖 La Chine a été le premier pays à utiliser le papier-monnaie, que les Chinois ont inventé au 7e siècle.

🪖 La guerre anglo-zanzibarienne de 1896 est considérée comme la guerre la plus courte de l'histoire, qui dure seulement 38 minutes.

🪖 Le dentiste William James Morrison de Nashville, Tennessee, avec l'aide du fabricant de bonbons John C. Wharton, a inventé la première machine à barbe à papa. À l'époque, la barbe à papa était connue sous le nom de fil de fée.

En 1769, le tout premier véhicule à vapeur est inventé par l'ingénieur français Nicolas Cugnot.

Il y avait huit jours dans une semaine à l'époque romaine antique, avant que l'empereur Constantin ait établi la semaine de sept jours. Au début, les jours n'avaient pas de noms, mais finalement, ils ont été nommés d'après les planètes de l'astrologie hellénistique – Soleil, Lune, Mars, Mercure, Jupiter, Vénus et Saturne.

La statue de la Liberté était un cadeau du peuple français commémorant l'amitié entre la France et les États-Unis.

En 1642, le roi Charles Ier, accompagné de gardes armés, entre à la Chambre des communes de Londres, en Angleterre, et tente d'arrêter certains de ses membres, mais sans succès. Depuis, il est interdit aux monarques d'entrer à la Chambre des communes.

La guerre de Cent Ans entre l'Angleterre et la France a duré 116 ans.

Les châteaux ont tout d'abord été construits en bois.

🪖 La Grande Pyramide de Gizeh en Egypte est la plus haute pyramide du monde, et la Grande Pyramide de Cholula, au Mexique, est la plus grande au monde.

🪖 Marie Stuart, reine d'Écosse, devient reine quand elle avait seulement six jours. Jusqu'à ce qu'elle devienne adulte, l'Écosse est gouvernée par des régents.

🪖 Avant l'invention de l'imprimerie, les livres étaient copiés à la main.

🪖 Pendant la Première et la Seconde Guerre mondiale, les pigeons étaient utilisés pour porter des messages militaires. Certains pigeons ont reçu la médaille Dickin, l'équivalent animal de la Croix de Victoria.

🪖 Depuis son inauguration en 1943, la médaille Dickin a été décernée à 38 chiens, 32 pigeons, 4 chevaux et un chat, pour honorer leur travail dans la guerre.

🪖 Il y a des centaines d'années, le Nouvel An était célébré le 25 mars.

🪖 Le Pony Express était un service postal américain à cheval.

- Le calendrier romain comptait 10 mois, de mars à décembre. Les 10 mois portaient les noms de Martius, Aprilis, Maius, Junius, Quintilis, Sextilis, Septembre, Octobre, Novembre et Décembre.

- Les Vikings avaient l'habitude de skier et de patiner. Ils utilisaient des skis pour parcourir de plus longues distances plus rapidement et des patins pour traverser facilement des rivières et des lacs gelés.

- Pour les Incas, le soleil était sacré et leur dieu le plus adoré était Inti, le dieu du soleil. Ils croyaient également que l'or était la sueur du soleil.

- Seuls les hommes de noble naissance pouvaient devenir mousquetaires et avoir l'honneur de défendre le roi.

- Napoléon Ier, également connu sous le nom de Napoléon Bonaparte, fut le premier empereur de France.

- Dans l'Égypte ancienne, les textes étaient écrits sur papyrus, une sorte de papier fabriqué à partir d'une plante semi-aquatique, appelée également papyrus.

- Fils du Ciel est un surnom donné aux empereurs de la Chine antique.

Hippocrate, un médecin qui a vécu dans la Grèce antique, est considéré comme le « père de la médecine ».

La ville d'Alexandrie en Egypte a été fondée par Alexandre le Grand.

Dans les années 1600, le prix des bulbes de tulipes en Hollande était si élevé que, dans certains cas, les bulbes étaient utilisés comme monnaie. Certains bulbes de tulipes rares coûtent même autant qu'une maison !

Horace Mann, né dans le Massachusetts, aux États-Unis, en 1796, est considéré comme l'inventeur du système scolaire.

L'Empire ottoman a été fondé en 1299 et a été dissous après la fin de la Première Guerre mondiale, formant la Turquie.

Wu Zetian fut la première et la seule impératrice régnante de Chine.

La reine Élisabeth Ire a interdit à quiconque, sauf à ses proches parents de la famille royale, de porter du violet.

🪖 Les Incas n'avaient pas de langue écrite. Ils avaient cependant un système pour enregistrer l'information avec des cordes nouées appelées quipus.

🪖 La reine Élisabeth II était le monarque britannique ayant régné le plus longtemps. Elle a régné pendant 70 ans.

🪖 Les premiers prix Nobel ont été décernés en 1901.

🪖 Le roi Henri VIII avait six femmes.

🪖 Les anciens Égyptiens dormaient sur des oreillers en pierre.

🪖 Clara Barton a fondé la Croix-Rouge américaine en 1881. Pendant la guerre de Sécession, elle a été surnommée « l'ange du champ de bataille » pour ses soins aux soldats blessés.

🪖 César Auguste fut le premier empereur de l'Empire romain.

Le Saviez-Vous ?

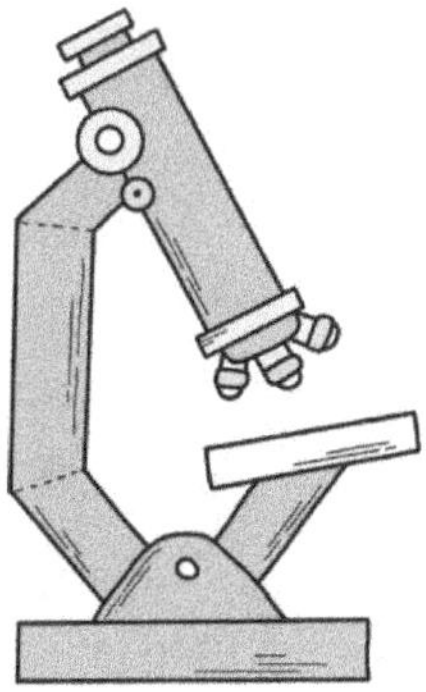

SCIENCE

Saviez-vous que...

- Marie Curie a été la première femme à recevoir un prix Nobel et la seule femme à en recevoir deux. En 1903, elle a reçu le prix Nobel de physique dont elle partage avec son mari, Pierre Curie, et en 1911, elle a reçu un prix Nobel de chimie pour ses travaux sur la radioactivité.

- La peau est le plus grand organe du corps humain.

- Le cœur bat environ 100 000 fois par jour.

- Le corps d'un adulte est composé d'environ 60 % d'eau.

- Un éclair est cinq fois plus chaud que la surface du soleil. La foudre peut atteindre une température d'environ 27 660 degrés Celsius (50 000 degrés Fahrenheit), et la surface du soleil est d'environ 6 093 degrés Celsius (11 000 degrés Fahrenheit).

Le globe oculaire ne grandit presque pas après la naissance, il reste donc toujours de la même taille.

Notre cerveau est plus actif pendant la nuit que durant la journée. Lorsque nous sommes endormis, le cerveau travaille dur pour dynamiser notre corps pour le lendemain.

La cyberphobie est le terme pour décrire la peur extrême des ordinateurs.

Les diamants sont les matériaux les plus durs dans le monde qui peuvent être trouvés dans la nature.

Cependant, le lonsdaleite, un diamant trouvé dans les météorites qui se sont écrasées sur Terre, est plus de 50 % plus dur que les diamants. La raison est leur structure hexagonale unique.

Le talc est le minéral le plus doux au monde.

L'eau chaude peut geler plus rapidement que l'eau froide.

La température corporelle diminue légèrement avec l'âge.

✸ Le corps humain contient environ 96 500 kilomètres de vaisseaux sanguins.

✸ Le poulet est actuellement le plus proche descendant du T-Rex.

✸ L'eau peut bouillir et geler simultanément.

✸ L'œil est le muscle le plus rapide du corps humain.

✸ Nous clignons des yeux en moyenne environ 1200 fois par heure.

✸ Le cerveau humain double de taille lors de la première année de vie et atteint 90 % de la taille adulte à l'âge de cinq ans.

✸ Si vous mettez quelques cuillères à soupe de sel dans une tasse d'eau, le niveau d'eau baissera au lieu de monter.

✸ La taille du cerveau a triplé lors de l'évolution humaine.

✸ La triskaidekaphobie, c'est la peur du nombre 13.

Hippopotomonstrosesquippedaliophobia est
le mot qui décrit la peur des mots longs.

Et, saviez-vous qu'il y a un mot qui décrit la peur
d'avoir du beurre de cacahuète collé au palais ?
Cette peur s'appelle l'arachibutyrophobie !

Les vaches polluent l'environnement, car elles
produisent du méthane lorsqu'elles rotent.

Le méthane est un gaz à effet de serre et est l'une
des raisons du réchauffement climatique que nous
connaissons aujourd'hui.

La flamme bleue d'une bougie brûle la plus
chaude, suivie par les flammes jaunes, oranges
et rouges.

Les méduses dites immortelles peuvent
potentiellement vivre éternellement.
Ces créatures ne meurent pas, mais
elles peuvent revenir à leur cycle de vie
et redevenir un bébé.

L'air chaud est plus léger que l'air froid.

⚛ L'éponge de mer est considérée comme
le deuxième animal vivant le plus ancien
au monde, à environ 15 000 ans.

⚛ L'élévation et la profondeur sur Terre sont
toujours mesurées à partir du niveau de la mer.

⚛ La taxonomie est la science de la classification des
organismes, qui comprend toutes les plantes, les
animaux et les micro-organismes.

⚛ Le squelette humain représente environ 14 % du
poids corporel total.

⚛ Les chiffres arabes ont été inventés en Inde
autour du 6e siècle. Ils ont fait leur chemin en
Europe à travers les écrits de mathématiciens
du Moyen-Orient.

⚛ L'eau bout à 100 degrés Celsius (212 degrés
Fahrenheit), mais ce n'est qu'au niveau de la
mer. Cependant, pour chaque élévation de
152,4 mètres, le point d'ébullition de l'eau est
abaissé d'environ 0,5 degré Celsius (1 degré
Fahrenheit). À 2 286 mètres d'altitude, par
exemple, l'eau bout à seulement 92 degrés
Celsius (198 degrés Fahrenheit).

❊ Contrairement à d'autres substances qui se rétractent du froid, l'eau se dilate lorsqu'elle gèle.

❊ L'hélium est plus léger que l'air, c'est pourquoi les ballons d'hélium peuvent flotter.

❊ Le mot « laser » est en réalité un acronyme et signifie Light Amplification by Stimulated Emission of Radiation (« amplification de la lumière par émission stimulée de radiations »).

❊ L'oologie (ou ovologie) est l'étude des œufs d'oiseaux.

❊ La lettre « J » n'existe pas dans le tableau périodique.

❊ Le chimiste russe Dmitri Mendeleev a créé le premier tableau périodique en 1867.

❊ Les éclairs produisent de l'ozone, d'où l'odeur caractéristique, comme « la propreté », après un orage.

❊ L'or et le cuivre sont les deux seuls métaux non ferreux.

❊ Nous prenons en moyenne de 8 000 à 10 000 respirations par jour.

Un arc circumhorizontal, aussi appelé « arc-en-ciel de feu », est un phénomène optique provenant des halos de glace. Il représente essentiellement un nuage qui a pris les couleurs d'un arc-en-ciel.

Les arcs-en-ciel sont en fait des cercles pleins, mais nous ne pouvons les voir que comme des demi-cercles du sol. Le cercle complet peut être vu d'un avion.

Au moment de la naissance, un corps humain a 270 os, qui fusionnent avec le temps pour arriver à un total de 206 os à l'âge adulte.

La lettre « E » est la lettre la plus courante en français.

Parastratiosphecomyia stratiosphecomyioides est le nom scientifique le plus long de toutes les espèces. C'est une espèce de mouche également connue sous le nom de mouche soldat noir.

Le fémur (notre os de cuisse) est l'os le plus long et le plus fort de notre corps. Il est considéré comme quatre fois plus résistant que le béton et encore plus résistant que l'acier !

⚛ Il y a plus de 700 000 milliards de cellules dans le corps humain.

⚛ Les omnivores sont des animaux qui se nourrissent des plantes et de la viande.

⚛ Il y a 118 éléments dans le tableau périodique, dont 26 ont été créés artificiellement par l'homme et ne se produisent pas naturellement sur Terre.

⚛ Situé dans l'oreille interne, l'étrier est le plus petit os du corps humain.

⚛ L'entomologie est l'étude scientifique des insectes.

⚛ Rien ne peut voyager plus vite que la lumière.

⚛ Les flammes brûlent vers le haut à cause de la gravité.

⚛ Le vert est la couleur des yeux la plus rare. Seulement environ 2 % de la population mondiale a les yeux verts.

⚛ L'émail des dents est la substance la plus dure du corps humain. C'est encore plus dur que l'acier !

La température nécessaire pour faire fondre un diamant est de 3 550 degrés Celsius (6 422 degrés Fahrenheit).

Albert Einstein n'a pas parlé avant l'âge de quatre ans.

L'électricité circule à la vitesse de la lumière, à environ 300 000 kilomètres par seconde.

Le fer, le nickel et le cobalt sont des métaux naturellement magnétiques.

Tout est fait d'atomes, même toi !

Il existe plus de 300 langues de signes différentes dans le monde.

La langue khmère a l'alphabet le plus long du monde. Elle contient un total de 74 lettres.

Les cheveux poussent plus vite entre l'âge de 15 et 30 ans.

En moyenne, la langue humaine a environ 10 000 papilles gustatives.

La peau est la partie du corps humain qui croît le plus rapidement.

Le corps humain contient environ 100 milliards de cellules bactériennes.

Les humains peuvent détecter au moins mille milliards (1 000 000 000 000) d'odeurs différentes.

Chaque personne a une odeur corporelle unique.

La couche la plus externe de l'atmosphère terrestre est appelée exosphère.

Un adulte prend de 12 à 20 respirations par minute au repos et de 40 à 60 respirations pendant une activité physique.

Il y a environ 250 000 glandes sudoripares dans les pieds.

Nous avons le hoquet si nous mangeons ou buvons trop et trop vite. Être très excité peut aussi causer le hoquet.

Tenir votre éternuement en pinçant votre nez ou en gardant votre bouche fermée pourrait causer une perte auditive, car lorsque l'air ne peut pas s'échapper par le nez et la bouche, il est forcé dans les oreilles.

Le verre est principalement fait de sable de silice fondu à des températures très élevées.

Aha ha est une espèce de guêpe australienne nommée par l'entomologiste Arnold Menke en 1977 comme une plaisanterie.

Les chiffres romains sont un système numérique originaire de la Rome antique. Il se compose de sept symboles : I, V, X, L, C, D et M, respectivement pour 1, 5, 10, 50, 100, 500 et 1 000.

Les ongles des mains poussent deux fois plus vite que les ongles des pieds.

Nous perdons de 50 à 100 cheveux par jour.

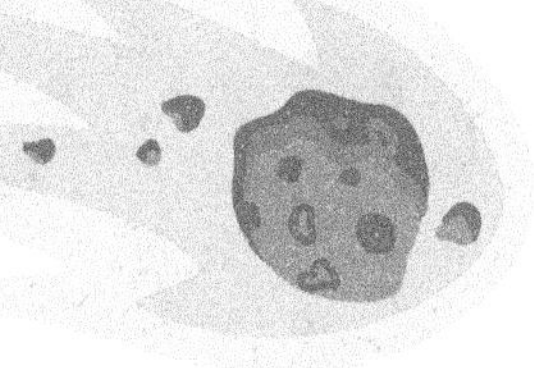

PLUS DE FAITS INTÉRESSANTS

Saviez-vous que...

- Les Vikings avaient atteint le continent nord-américain environ 500 ans avant Christophe Colomb.

- Le drapeau pirate du crâne et des os croisés est aussi connu sous le nom de Jolly Roger.

- Christophe Colomb est né à Gênes, en Italie, et son vrai prénom en italien était Cristoforo Colombo.

- Il est impossible pour la plupart des gens de se lécher le nez ou le coude.

- Les humains et les bananes ont plus de 40 % d'ADN partagé.

- Le système métrique original a été développé en France en 1790.

- Les États-Unis sont l'un des pays qui utilisent encore le système impérial de mesure.

La douleur dentaire est parmi les plus fortes que nous pouvons ressentir en raison des nerfs très sensibles qui se trouvent dans les dents.

Il faut parfois un million d'années à une bouteille en verre pour se décomposer dans l'environnement. Habituellement, le verre ne se décompose pas entièrement, mais se décompose en petits morceaux.

Un piano standard a 88 touches.

La langue nationale du Brésil est le portugais.

La licorne est l'animal national de l'Écosse.

Le mot anglais « set » détient le record du monde Guinness pour le mot avec le plus de significations dans la langue anglaise, avec un total de 430 définitions incluses dans la deuxième édition de l'Oxford English Dictionary publié en 1989. Cependant, actuellement, le mot « run » est le mot qui a le plus de sens, 645, mais il ne sera pas inclus dans le Guinness World Records (Le Mondial Des Records) avant la nouvelle édition de l'Oxford English Dictionary qui sera publiée en 2037.

Au début, le chewing-gum était juste rose, car
c'était le seul colorant alimentaire disponible.

L'animal national du pays de Galles est le dragon
rouge.

Le pôle Sud est beaucoup plus froid que
le pôle Nord.

L'aluminium est l'un des matériaux les plus recyclés,
et il peut être recyclé indéfiniment.

La traînée blanche que les avions laissent est
principalement de l'eau sous forme de cristaux
de glace.

Les pilotes d'un avion ne mangent jamais le même
repas par mesure de précaution en cas
d'intoxication alimentaire. Ainsi, si un pilote n'est pas
en mesure d'exercer ses fonctions à cause de cela,
l'autre pilote prendra la relève.

Un petit village australien a connu une « pluie de
poissons » à cause des trombes d'eau de type
tornadique, qui soulèvent l'eau et les poissons dans
les airs et les transportent à des kilomètres. Imaginez
sortir et voir des poissons tomber du ciel !

La Garde suisse est responsable de la sécurité du pape. Souvent appelée « la plus petite armée du monde », la Garde suisse du Vatican est la seule garde suisse encore active.

Il y a plus de 7 000 langues dans le monde.

Les côtés opposés d'un dé à six faces donnent toujours sept.

Vous ne pouvez pas fredonner si votre nez et votre bouche sont fermés. C'est parce que lorsque nous fredonnons, nous expirons et lorsque nous tenons notre nez fermé, l'air ne peut pas s'échapper.

Le tir à la corde était un sport olympique de 1900 à 1920.

Les escargots peuvent dormir jusqu'à trois ans.

Le miel ne pourrit pas s'il est stocké correctement.

Un groupe de lémuriens est connu comme une conspiration de lémuriens.

Une forme à huit côtés est appelée octogone.

Les langues les plus parlées en Afrique sont l'arabe et le swahili.

Les personnes de groupe O négatif sont considérées comme des donneurs universels. En cas d'urgence, ils peuvent donner du sang à tous, mais ne peuvent en recevoir que des personnes du même groupe.

La boîte noire d'un avion est généralement de couleur orange afin d'être facilement localisée en cas d'accident.

L'harmonica est l'instrument de musique le plus vendu au monde.

Un groupe de pandas est connu comme un embarras. On dit aussi un bambou de pandas ou une armoire de pandas.

L'espadon-voilier est le poisson le plus rapide. Il peut atteindre une vitesse de pointe de 110 kilomètres par heure.

Il y a 12 langues qui s'écrivent de droite à gauche.

Le calmar géant a les plus grands yeux de tous les animaux. Ils peuvent mesurer jusqu'à 25 centimètres de diamètre.

Avez-vous aimé ce livre ?

Suivez-moi sur Amazon
et vous serez informés dès que
le prochain livre de la série
sera publié !